만난 적은 없지만 가본 적은 있지요

김은우 시집

시인의 말

핏줄처럼 어둡고도 환한
어제로부터 달아나는 이야기
완성할 수 있겠습니까
불이 되고 싶어요 천천히

2024년
김은우

차 례

● 시인의 말

제1부

발레리나 ──── 10
그린란드 ──── 12
동인들 ──── 14
열대야 ──── 16
아무튼 여름 ──── 19
인썸니아 ──── 22
침몰하는 계절 ──── 24
꽃피는 야구장 ──── 26
해변의 회우 ──── 28
삭월 ──── 30
집회 ──── 32
취우 驟雨 ──── 34

제2부

친애하는 거북 ——— 38

신기루 ——— 40

수화 ——— 42

인어의 시간 ——— 44

옻오른 적이 있습니다 ——— 46

테트라포드 ——— 48

프라하의 밤 ——— 50

류인서 ——— 52

도심 숲 곡예사 ——— 54

콘트라베이스 ——— 56

실어증 ——— 58

무의도 ——— 60

꿈꾸는 매미성 ——— 62

먼나무 ——— 64

대관령 ——— 66

고성 ——— 68

제3부

비립종 ——— 70

태풍주의보 ——— 72

배웅 ——— 74

늙은 기타리스트 ——— 76

단순포진 ——— 78

붉은가슴울새 ——— 80

발목 타투 ——— 82

벽화 ——— 84

당분간 격리 ——— 86

평풍 ——— 88

독거도 ——— 90

오늘도 불안 ——— 92

대설주의보 ——— 94

제4부

묶인 새 ──── 98
말수 없는 사람처럼 조용조용 ──── 100
정선 ──── 102
기억의 오류 ──── 104
소한 ──── 106
모텔주차장 ──── 108
자운영 ──── 110
끝말잇기 ──── 112
퍼플섬 ──── 114
우리가 우리였을 때 혹은 우리가 아닌 순간 ──── 116
봄은 아직 멀었다 ──── 118
청춘은 ──── 120
손금 ──── 122
시클라멘 ──── 124

▨ 김은우의 시세계 | 이철주 ──── 125

제1부

발레리나

솟아올랐다가 추락하는 몸짓

착지하기 위해
같은 지점을 맴도는 공중걷기

사뿐 내려앉는 나비처럼
우아하게 우주의 한 점으로 부서진다

더 환한 세계를 향해
내부의 쌓인 말들을 고백하는

날개를 잃고 발을 얻게 된
그는 가파른 벼랑을 건너뛰는 사람

환하거나 캄캄한 시간
고독을 즐기며 유유히 간다

사라지는 시간의 행간만 떠돌다

귓바퀴를 타고 미끄러진다

발자국이 없는 길을 따라
몸속 고요를 다 써버린

거칠고 딱딱한
그의 발바닥에서 붉은 피가 흐른다

그린란드

펭귄이 있고 북극곰이 있고 개가 있고
바다코끼리가 있고 바다표범이 있다

없는 기대와 실망이 둥둥 떠다니는
얼음뿐인 땅을 그린란드라 이름 붙인 아이러니
썰매개들이 얼음 대신 물속을 달린다

붙잡을 수 없는 것들을 과감히 놓아주는
고립의 세계에 갇힌 이곳에선 모두가 외톨이

개랑 친해져서 개에게 고기 뼈도 던져주는
과거인 듯 미래인 듯 알 수 없는 시간

나를 닮은 누군가 있을 것 같아
두리번거려도 아무도 없다

어쩌자고 도착하기도 전에
떠날 준비를 하고 있는 건지

아름답고 선명한 오로라가 나타날 때
춥다고 말하는 입이 얼어버린다

귀 기울여보면 저 멀리서 바람 소리인 듯
웃음소리인 듯 희미하게 들려오는 소리

발자국을 따라 침묵이 길어지는 길
곳곳에 백색으로 빛나는 슬픔

내리던 눈이 쉬었다 다시 내린다

동인들

시작하면 멈출 줄 모르는 토론

함께 밥을 먹고 커피를 마시고
때때로 복잡한 속내를 털어놓기도 하는

우리는 서로를 개입하지 않기 위해
적당한 거리를 유지한다

정해진 곳에 시선을 집중시키는
끝나지 않는 서사

누군가 멀리 가서 길게 머무르는
여행에 대해 이야기할 때

누군가는 영원히 오지 않을 것 같지만
갑자기 와버릴지도 모르는
그날에 대해 이야기했다

각자의 색에 색을 덧입힐 때
너무 가까워서 잘 보이지 않는

우리는 늪에서처럼 한발 한발 깊어져서
들여놓은 발을 뺄 수가 없다

뱉은 말이 다시 돌아오기도 하고
분분한 의견과 의견이 충돌하는

서로를 버리지 못한 채
좋은 날들이 계속되기를 기원한다

열대야

아침은 올 것 같지 않은 신열을 앓는 밤

짖을 타이밍을 놓친 개처럼 어정쩡하게
말을 배우는 아이처럼 더듬더듬 시간이 갑니다

재미있는 이야기를 재미없게 하는
당신의 이야기가 길고도 지루한 시간

많은 걱정거리로 오늘도 걱정 내일도 걱정인
당신은 자꾸만 무슨 말인가를 하려다 말고

손이 없고 발이 없고 머리가 없는 문장들
불만을 말하면 불만이 더 커집니다

질문으로 시작해 질문으로 끝나는 이야기가
종잡을 수 없이 미궁으로 빠지는

고요 속으로 침잠하는 어둠에 갇힌

밤의 끝까지 가보기로 합니다

막막한 밤안개 속을 걷는 듯한
희미한 시간의 저편에서 돌아오지 않는 말들

노래가 끝나고 침묵이 계속되어도
사라진 말들의 행방을 알 수 없습니다

쥔 것을 놓아주고 빈손이 되어버린
지금 처음으로 돌아갈 수 있겠습니까

악몽을 꾸다 깨어나면 쨍그랑 거울이 깨지고
우중의 칸나처럼 침울해집니다

어둠의 동공 속으로 빨려드는 궤적을 따라
무너지는 시간이 영원을 물고 늘어집니다

떠도는 바람의 말들을 새기며

좌초하는 폐선처럼 표류하는 밤

사라진 것들과 다가올 것들 사이
침묵 뒤에 오는 것은 슬픔

밤새 지껄이는 앵무새 입을 막지 못한 채

여기 이대로 탁자처럼
앉아 있어도 되겠습니까

아무튼 여름

비파 하고 발음하면 목이 긴 항아리 같은
현악기에서 음악이 흘러나오고

햇빛과 그늘을 건너뛰며 음악이 머무는 동안
선풍기가 쉬지 않고 돌아갑니다

여름을 좋아하지 않지만 나선형 계단을 타고 오는
빗방울의 왈츠를 따라 아이들과 미끄럼틀 아래에서
모래 무덤 만드는 걸 좋아합니다

매미가 울고 둥근 열매가 노랗게 익어가고
푸른 잎들이 담장을 덮을 때

귓불이 발그레한 젊은 스님이
랩으로 염불을 합니다

복숭아의 달콤함이나 포도의 신맛이 아닌
두부의 물컹한 맛이 입안에 맴도는

달아나는 아름다움을 붙들고
수증기처럼 사라지고 싶은 날들

새장 문을 열고 손짓을 하자
갇힌 새가 날아갑니다

새야 새야 뒤돌아보지 말고 가렴
새를 떠나보내는 나의 마음을 새는 알까요

푹 고아 끓인 삼계탕 냄새가 코를 찌르는
새끼 두꺼비들이 목숨을 걸고 대이동을 하는

눈동자가 얼룩지는 습기의 나날

풀들 베어낸 자리에 비린내가 스며들고
냄새를 풍기며 썩어가는 쓰레기

긴 장마가 끝나도 여름은 끝나지 않고
동시다발적으로 붉은 꽃이 집니다

인썸니아*

　무럭무럭 자라는 어둠은 배경일 뿐 졸다 깨다 기억이 기억을 낳고 악몽이 악몽을 낳습니다 당신과 마주 앉아서는 할 수 없는 말들을 중얼거리며 접혀진 소설 속 이해할 수 없는 죽음에

　골몰합니다 결말이 궁금하지 않은 소설을 읽듯 시간이 무심하게 지나갑니다 수도꼭지를 돌리고 온수가 나올 때까지 기다리듯 잠시 눈을 감아보지만 단단한 벽이 발명되고 벽에서

　가느다랗게 울음소리가 흘러나올 때 말들이 만발하는 입술을 지우고 나만 알고 있는 죄의 목록을 지웁니다 밤을 좋아하지만 홀로 어두운 건 좋아하지 않아 양 한 마리, 양 두 마리 세는

　동안 긴 밤은 끝이 없고 양들은 떼로 몰려 도망칩니다 여행 중 낯선 곳에서 일행을 놓치고 홀로 남겨졌을 때처럼 난감해집니다 띄엄띄엄 흩어진 생각들을 그러모으며 밤의 침

묵을

　꼴깍꼴깍 삼키는 동안 머릿속은 점점 맑아져서 기억이 또렷해집니다 시간이 갈수록 거울 속으로 깊이 빨려 들어가고 울음을 얼음이라 발음하면 도자기 인형이 쨍그랑 깨집니다

　붙잡으려 해도 붙잡히지 않는 멀리 사라지는 것들의 질감이 만질 수 없는 시간처럼 나와는 상관없이 나를 통과하며 흘러갈 때 멀리서 아침이 찾아옵니다

* 인썸니아 : 불면중

침몰하는 계절

아파트 옥상에서 네가 뛰어내리자
무수한 별들이 곤두박질쳤지

세상의 모든 순간마다 별들이 죽어가고
바람이 불지 않아도 잎들이 후두두 떨어졌어

웃으며 고통을 말하기 위해
입을 크게 벌려 찢어진 입으로 노래하는
밍크고래가 자작나무숲에 들어가 나오지 않고
붉은고함원숭이가 물속에서 수영을 하지

미래를 꿈꿀 수 있을까

쇠락하는 아름다움을 말하기 위해
네가 먼저 무너지기로 한 거니?

아무도 앉지 않는 의자였고
누구도 살지 않는 빈집이었던

하늘엔 새들이 날아간 뒤 구름만 둥둥
오고 가는 것들은 다 흩날리는 낙엽의 문장들

때로는 헐거움으로
때로는 결여됨으로

일렁이는 빛을 따라가는 살아남지 못한 말들
주절대던 말들이 기억나지 않아

마음을 저버리고 간 자리 통증으로 자라나는
어두운 페이지에 왔다가는 저녁노을

나아갈 수도 돌아갈 수도 없는 곳에서
부르는 소리에 뒤돌아보면

저만치 가고 있는 바람 소리

꽃피는 야구장

치어리더들이 나타나자
우 우 우 함성이 울린다

홈런이 나올 때마다 함께 터지는
꽃봉오리 꽃봉오리들

야구장에 울긋불긋 꽃이 핀다

어떤 상황에도 굴하지 않고
전력을 다해 뛰는 선수들

빛나는 순간을 위해 돌진하다
실수가 연속으로 터질 때

맥주 캔이 날아가고
거친 욕설이 날아가고

누군가 죽어야 끝이 나는 게임

게임이 끝나기도 전에 자리를 털고
일어서는 건 예의가 아니지

곳에 따라 비가 온다고 했던가

이윽고 비가 내리고
현란한 몸동작으로 출렁이는

비에 흠뻑 젖어 섹시해진
치어리더에 환호하는 관중들

급기야 역전 만루 홈런이 터지고
관중의 박수 소리와 함께

그녀들은 거침없이 하이킥

해변의 회우

모래 위를 걷는 게처럼 뒤뚱거렸지

음악이 빗소리처럼 지나갈 때
해변은 점점 넓어지기 시작하고

지키고 싶은 것이 많은
적개심으로 가득한 개의 자세로

무슨 말인가를 온몸으로 부르짖는
파도의 말에 귀 기울였지

아침과 같은 보폭으로 시간이 걸어가고
더는 잃을 것이 없는 저녁이 찾아오고

우리는 숨기고 싶은 발을 버리고
모래사장을 달렸지

인기척을 느끼며 달리는 동안

길 잃은 개가 우릴 뒤 따라오고

우리의 말들이 파도처럼 부서졌지

서로에게 미안한 일이 많았지만
미안하다는 말을 하지 않은 채

눈꺼풀 위에 닿은 어둠을 지우며
발길에 차이는 돌을 바다에 집어 던졌지

바닷속으로 사라진 돌들에게
안녕 하고 말하자

새로 산 스카프의 무늬 같은 선명한
기억들이 바람 따라 흘러 다녔지

삭월

새라고 발음하면
새는 벌써 날아가고 없습니다

새가 실루엣만 남기고 사라질 때
폭설이 시작됩니다

우르르 몰려다니던 새를 좇던 바람

눈 위에 글자를 쓰는 순간
글자들이 하얗게 지워집니다

사슴의 발자국이 끝나지 않고
모든 게 느리게 흘러갈 때

슬픈 일이 지나가면 가끔은
기대하지 못한 기쁨도 왔다 갑니다

옆을 내주고 허공이 되어버린

나무들 고요에 뒤덮이는

기도보다는 노래가
길다보다는 깊다가
어울리는 여긴 어디입니까

기다려도
기다려도

와야 할 한사람이 당도하지 않고
집으로부터 점점 멀어집니다

집회

한마음 한뜻으로 곳곳에서 모여든
우리는 이름이 필요 없는 사람들

우리가 할 수 있는 일은 의심보다는 이해

온갖 악행이 판치는 세상 속
처음 만난 사이라도 친구라고 믿고 싶다

주말마다 자정을 넘겨 끝나는 철야 집회에서
한숨처럼 터지는 구호들, 마이크 소리

홀로 영화를 볼 때와는 다른 기분으로
줄지어 이동하며 함성을 지른다

함께 외쳐야 할 때를 놓치지 않는
우리는 손잡기 위해 만난 사람들

여기선 박수로 호응하는 게

연설하는 사람에 대한 예의

어디까지 가야 하는지
어디가 끝이 되는지

한걸음 앞서 말하기보다는 듣는 쪽에 서서
결코 반대자가 되어 일어서지 않는다

아무것도 가진 게 없지만 모두를 가진
마음으로 힘차게 전진하며

날리는 눈발 속에서 점점 희미해지며
영하권 강추위에도 아랑곳하지 않는다

취우驟雨

근육질의 덩치 큰 사내가
긴 머리 키 작은 여자의
머리채를 잡고 질질 끌고 간다

사거리 갈림길에서 왼쪽으로 꺾어진
좁다란 길로 황급히 사라지는

그 여자의 어두운 표정 같은
먹구름이 몰려오고
금방이라도 빗방울이 떨어질 듯
사위가 어두워진다

건너편 학원에서 흘러나오는
피아노 소리가 건물을 탕탕 두드리고
빗방울이 우두두 쏟아진다

천천히 걷던 사람들이
가방을 머리에 이고 빗속을 달린다

숨을 헐떡이며 줄넘기를 하던
소녀가 줄넘기를 멈추고 뛰기 시작한다

골목의 담벼락이 젖고
길가의 포장마차가 젖고
버스가 한 대 지나간다

조금 전 끌려갔던 여자가
갔던 길로 되돌아 나온다

피투성이가 된 채
헝클어진 머리 갈가리 찢긴 옷차림으로
기진맥진 금방 쓰러질 것 같다

잠시 후 비가 그치자
거짓말처럼 햇살이 환하다

제2부

친애하는 거북

넌 목을 넣었다 빼며 졸졸 따라왔지

할 말이 있어서 라고 생각했어

흔들리는 꼬리지느러미에게 자리를 내주고
느리게 다가오는 널 기다리며 알게 되었지

뭔가 할 말이 있었던 게 아니고
몹시 배가 고팠을 뿐이라는 거

장난하듯 어깨를 툭 치고 달아나는
널 만나지 않았다면 일상이 달라졌을까

이끼 때문에 앞이 보이지 않는
가도 가도 미로인 극지에서

아무렇지 않은 얼굴로 무심히 전진하는
참혹을 견디는 갈 길이 먼 시간 속

함부로 발설할 수 없는 비밀

달리 할 말이 없는 사람처럼 입을 꾹 다문
내가 정말 듣고 싶은 말은 무엇이었을까

종일 왔다 갔다 하느라 피곤한 저녁
무성영화를 본 기분이 이럴까

곧 갈게, 기다려
백 년째 너는 내게로 오는 중이고

난 오늘도 네 등에 올라타는 꿈을 꾸지

신기루

수요일엔 주말을 기다리고 주말엔 월요일을 기다려요

당신은 내가 읽은 가장 난해하고 신비로운 책
천천히 한 술 한 술 페이지를 떠먹는 하루가 열리고

허공이 비로소 풍경이 되기도 하는
무지개라든가 오로라를 당신이라 부르고 싶은 저녁
내게 없는 것 오지 않는 것만 생각해요

깊이 사랑할 수 있는 사람은 곁에 없는 사람

온 곳으로부터 점점 멀어지는
이곳은 처음 와보는 끝없는 해안

흩어지는 바람 속에서 모르는 사람들과 함께할 때
기도가 기다리는 대답이라면 침묵은 견디는 물음일까요

웅성거리는 구름이 구름을 벗어나려는 순간

지금껏 들어보지 못한 기이한 음악이 흘러나오고

하고 나면 부끄러워질지도 모르는 고백을 하고
이젠 슬픔 같은 건 다 잊은 표정으로

우리는 만나야 할 사람들이지만
악몽 같은 결별이라는 말이 철썩철썩 파도를 쳐요

햇빛에 반짝이는 모래처럼 시간의 물결 속으로
사람들이 사라진 해변에 혼잣말이 지워질 즈음

온 세상이 차곡차곡 폭설에 잠길 때
한 사람이 사라져도 아무 일도 일어나지 않을

이곳에서 흐릿하거나 선명하게
함께 있지만 홀로 있는

수화

귀는 잠시 접어두세요

침묵수도회에서 음식을 건넬 때나
물건을 가리킬 때처럼

입이 아닌 손과 표정으로
조용조용 대화가 진행됩니다

기쁘게 혹은 슬프게
때로는 흥분하며 때로는 침착하게

국수 가락처럼 손가락이 길어지고
손가락 사이로 웃음이 눈물이 빠져나와
사방으로 흩어집니다

화를 내며 말싸움을 해도
주변이 전혀 시끄럽지 않은
질문과 대답이 오고 갑니다

휘파람이 나오지 않습니다
소리가 와르르 쏟아질까 봐

질러본 적 없는 소리가 불쑥
튀어나올 것 같아 멈칫거리며

손끝은 있는 것에 대해 말하지만
눈빛은 없는 것에 대해 말합니다

아무것도 알아듣지 못하는
개들이 꼬리를 흔들며 컹컹 짖을 때

손짓을 따라 출렁이는 이야기가
넝쿨식물처럼 뻗어나갑니다

인어의 시간

여기가 어디일까
한때의 기억들이 휩쓸리며 흘러가요

멈추지 않는 물결 바람 물결 바람
모든 것들이 여기 다 있는데

파도 속으로 사라지는 당신 그림자

당신의 부드러운 목소리 달콤한 입술의
움직임을 새기며 외로움에 젖어요

불끈 솟아오르는 물의 근육을 누르며
꼬리지느러미를 흔들며 춤을 춰요

파르르 물비늘 위를 미끄러지듯
춤추는 뒤태가 아름다워 비가 내려요

빗방울의 파문 밖으로 시간이 빠져나가고

빗소리의 리듬에 밀려왔다 밀려가는 것들

사라지는 것들은 모두가 아름다워요

어깨 위에 잠시 머물다 가는
갈매기의 수를 헤아리는 일은

매일 육지를 바라보는 일만큼 허망한 일

물의 심장에 귀 기울이며 하루를 마감하는 시간
날 흔들지 말고 행운을 빌어줘요

우리 다음 생에 다시 만나요

옻오른 적이 있습니다

땡볕이거나 그늘인 끝없는 숲

바람 속을 달리다 추락하는
새의 눈빛 같기도 하고

허기에 지친 고양이 울음 같기도 한
큰꽃으아리가 하얗게 질 때

오리나무 청미래덩굴 사이
접근 금지라는 푯말이 있었던가

혼자였는지 여럿이었는지
언덕이었는지 묘 앞이었는지

옻나무에 잠시 스친 것뿐인데
살갗이 따갑고 가려워
밤새 긁어 부스럼이 생기고

진물이 나던 며칠 내내
온몸에 붉은 반점이 돋았습니다

상처만 남긴 지독한 사랑처럼
다시는 기억하기도 싫은

키다리노랑꽃이 휘청거리던
설익은 개복숭아를 밟고 미끄러지던

그해 여름엔 벙어리뻐꾸기가
줄기차게 울었습니다

테트라포드

파도는 밀어내는 마음이 만들어내는
불협화음이며 돌이킬 수 없는 문장

범고래처럼 포효하는 파도의 횡포에
때로는 태연하게 때로는 투사처럼 대항하는

우리의 본분은 파도와 맞서서 싸우는 일

파도의 안이 되었다가 밖이 되는
피 터지는 이 싸움은 언제 끝날까

제 발등을 찧고 우는 날이 많은
네 발 중 두 발을 고정시킨 채 춤추는

우리는 쉽게 포기하지 않을 것이다

흔들리는 배들이 먹이를 찾아 날아다니는
새들을 위해 길을 비켜주고 사라지고

푸른 수면이나 모래의 눈동자 위에
바람의 말들이 시나브로 흩어진다

밀고 당기며 치고 빠지기를 반복하는
쫓아오는 햇살을 따돌리며 달리는 파도

오라, 가까이 오라
우리는 준비된 자

애면글면 지키고 싶은 무한의 바다
끝이 보이지 않는 오늘 그리고 내일

끈질긴 인내와 투지로 승리하기 위해
이대로 돌무덤이 될 수는 없지

프라하의 밤

거리의 악사와 가난한 화가들
수많은 군중이 모이고 흩어졌지

끝없는 실루엣이 길게 이어지는
어제로부터 달아나는 이야기

느리고 분명하게 느리고 분명하게
시간은 흘러가도 역사는 남는 것

우리의 지난날들이 얼룩에 불과할지라도
뒤돌아보는 일은 의미 있는 일

카프카의 추억이 서린 거리를 걷는 동안
황금소로의 대성당에서 들려오던 종소리

흑백영화 속 주인공처럼 거리를 헤매는
나를 은닉하기 좋은 시간이었지

혼잣말이 저쪽까지 걸어갔다 돌아오는
블타바강을 따라 영원할 것 같던 시간

어두운 시간의 단면 사이로 영원이 아닌
잠깐 머무는 문장으로 남았지

발라드풍으로 불던 바람이 사라지고
사라진 것들은 흔적을 남기지 않고

금빛 새가 시계탑에 앉았다가 흘깃거리며
흐릿한 울음소리만 남기고 사라졌지

류인서

정지된 풍경 속에서 만났지

광주가 좋아, 사람들이 다정하고 친절해
칭찬의 행렬 속 오후 여섯 시의 그림자처럼 붙잡아두고 싶은 시간
장거리 연인도 아닌데 긴 통화로 수다가 이어졌지

제멋대로 서 있거나 누워 있는 불상들 사이
운주사 와불을 따라 걷고 순천만 갈대와 흑두루미를 좇고

보길도 가는 배 안에서의 멀미
세연정을 돌던 시간은 왜 그리 빠르게 흘러가던지

십일월 첫날 갑사를 넘어 계룡산 정상에서 마주친
생경하고도 낭만적인 첫눈
우리가 함께여서 차가운 눈이 따뜻했지

잠수부처럼 배를 버리고 물결치는 물의 어둠 안으로 들어

가는*
   발이 푹푹 빠지는 모래 무덤을 파헤치는
   숨은 곳곳을 탐험하며 광활한 우주의 신비를 캐내는 여행자

   우르르 쏟아지는 말들을 지웠다 쓰는 시선이 집요해서
   놀이터가 아이들이 아닌 어른들의 세계가 되고
   무방향 버스를 타고 호랑이굴로 갈 때
   창문마다 고백들이 새겨지지

   모르는 것만 빼고 다 아는 입담
   이빨고래처럼 솟구치며 달리는

문장과의 사투로
종이 무덤에 파묻히게 될지도 모르는

* 류인서 시인의 시 「감정선」.

도심 숲 곡예사

날아다니는 새를 닮았다

때로는 날렵하게
때로는 진중하게

아름다움에 물들기 위한 방식으로

비가 오면 우산 없이 비를 맞고
눈이 오면 하얀 사람이 되어

악몽을 꾸다가 무기력해져서
이 세계에서 저 세계로 흘러 다닌다

고통이 고통을 위로하는
조금의 실수도 용납할 수 없는 나날

불안이 불안을 낳고
긴장이 긴장을 낳고

더 이상 도망칠 곳이 없는
발 딛는 곳마다 절벽인

뛰어내리거나
떨어지거나

더 멀리 도약하기 위해
발레리나처럼 허공에 매달린 채

몸에서 우수수 깃털이 떨어지고
비로소 자유로워져 멀리 날아간다

콘트라베이스

오늘은 오늘의 기분으로
내일은 내일의 기분으로

깊고 묵직한
깊고 묵직한

오늘의 감정과 내일의 감정이 엇갈리며
뿜어내는 어둠으로 세계가 둥글어진다

내일은 오늘 혹은 어제와
다르다고 말할 수 있을까

끝날 듯 이어지는 그림자를 가진
아껴온 무수한 말들

반복과 번복
반복과 번복

걷다가 달리다가 속도 조절을 하며
높음과 낮음의 궤를 달리한다

전후를 연결하며 행간과 행간을 넓히며
울음이거나 웃음으로 발음되는

머뭇거리듯 중얼거림으로 낮게 낮게
나를 부르는 너의 목소리

실어증

마음에 품은 걸 말하는 순간
이루어진다면 얼마나 좋을까

네가 사라진 길에 네가 무수했다

오지 않는 너를 기다리는 건
팔월에 첫눈을 기대하는 것처럼 무모한 일

내겐 아직 보여주지 않은 얼굴이 남아 있는데
기다림이 길어져서 단념할 수 있는 용기가 생겼다

오른손을 왼손이라 하고 나무를 꽃이라 우기는 너
너라는 목소리가 귓가에 잉잉거릴 때
익숙한 말들이 허공에 흩어졌다

우리가 헤어지기 위해 갔던
바닷가 모래 위에 가득 깔려 있던 물음표

한숨 쉬며 이따금 혼잣말을 건넬 때
울음을 삼키는 침묵의 시간이 가고

가끔 낙엽이 흩날릴 뿐
아무 일도 일어나지 않았다

창문을 열면 단풍이 지고
창문을 닫으면 눈이 내렸다

줄기차게 따라다니는
네 그림자를 잘라내는 고열의 날들

네가 부른 노래만 웅웅대는
너라는 계절이 멀어질 때

나 여기 있다고 입술을 달싹이자
혀끝이 굳어 버렸다

무의도

주인은 달리기를 싫어하는 날 앞세우고
매일 하나개해수욕장으로 향했다

하나개라는 이름은 가장 큰 갯벌이라는 의미

해상관광탐방로를 달리는 동안
뜨거운 햇빛이 내내 따라다녔다

얼굴에 땀이 주르륵 흘러내리고
헉헉 발바닥이 아픈 내색을 해도
주인은 모르는 척 목줄을 움켜쥐었다

돌부리에 걸려 낑낑대다 바닥에 누워버리자
조금만 참다 백사장에서 낮잠을 자렴

주인은 눈앞을 가로막는 파리 떼를 물리치며
시범을 보이듯 앞서 달렸다

해안테크 길을 달릴 땐
바다 위를 달리는 기분

달리고 달려 하나개해수욕장에 다다라
백사장에 누운 채 깜박 잠이 들었다

꿈속에서 나는 주인이 되어 해변을 달리고
주인은 벤치에 묶여 있었다

매번 주인이 내 목줄을 풀어주었는데
꿈에선 내가 주인의 목줄을 풀어주었다

붉게 물든 석양을 뒤로 하고
따가운 모래 위를 걸으며 돌아오는 길

꿈속에서 푹신한 운동화를 신고 달리던
발바닥 감각이 오래도록 지워지지 않았다

꿈꾸는 매미성*

이목구비가 지워진 건너편 숲에서
아스라이 짐승의 울음소리 들려온다

붙잡으려 하면 할수록 더 멀리 달아나는
햇빛의 꽁무니를 바람이 따라간다

사라지기 위해 먼바다를 건너온
새의 행로를 알 수 없는

이곳에서 눈을 보기는 어렵겠지만
태풍은 어김없이 찾아온다

모래알이 흩뿌려지는 돌탑 위로
물결 같은 새들의 실루엣

햇빛이 사라진 자리에 출렁이는
구름이 까무룩 낮게 내려앉는다

발가락 사이로 밀물지는
노래가 아다지오로 떠다니는
붉은 노을을 응시하는 시간

몽돌해변과 수평선 사이로
파도가 건너갔다 돌아온다

노래 아닌 것으로 노래하며
이름 아닌 것으로 누군가를 부르는

의미 없는 한 문장의 시구처럼
수식어만 늘어놓는 해변에서

예고 없이 덮칠 태풍을 대비해
고요히 꿈꾸듯 서 있다

* 매미성 : 태풍 매미가 거제도에 상륙했을 당시 피해를 입은 백순삼 씨가 흙과 돌로 쌓은 방벽.

먼나무

멀리서 보아야만 잘 보입니다

밀거나 당기는 환한 빛들의 세계
나 여기 오래 서 있어요

자주빛 꽃이 지고 나면 여름이 오고
열매가 붉게 익어가면 겨울이 와요

나뭇가지에서 떨어질락 말락
시들시들하다 말라버린 타원형 이파리들

이파리들은 아래를 내려다보며 한숨을 쉬고
서서 잠든 내 머리 위로 새가 날아가요

사라지는 순간 살아나는 바람
이파리들을 흩뜨리기 위해 애쓰는

제멋대로인 바람을 이해하기 위해

얼마나 많은 인내가 필요할까요

행방이 묘연한 발들이 돌아오지 않는
쓸쓸하고 외롭고 적막한 시간의 연속

속절없이 젖고 젖는 풀들 앞에서
생각이 많아서 머릿속이 하얘져요

누가 불 지르지 않아도
스스로 불이 되고 싶어

울음소리가 그치지 않는 이곳에서
나는 천천히 늙어갑니다

대관령

구름을 읽으러 갔다가
소나기처럼 쏟아지는 햇빛을 만났다

와본 적이 없는데 모든 게 익숙한
끝나지 않는 길의 연속

해안처럼 길게 펼쳐지는 풀밭
모든 언덕이 거기 다 있었다

쑥쑥 벋어가는 풀들 위로 햇빛이 배회하고
수식어를 남발하는 문장처럼 바람이 불고

달려도 달려도 풀밭은 끝나지 않고
양들이 허겁지겁 돌아오고 있었다

흙먼지를 일으키는 양들을 보며 웃다가
호루라기를 불듯 소리를 지르면
새들이 뒤돌아봤다

안개였다가 기차였다가 음악이었던
풀밭에서 황급히 토끼가 사라졌다

사라지기 위해 도착하는 바람
이리저리 흩어지는 꽃잎들

까마득한 절벽 위의 숲처럼
멀어서 아름다운 것들이 빛날 때

여기저기 무분별한 소문을 몰고 다니는
바람이 우리의 발걸음보다 빨랐다

닿을 수 없는 먼 섬을 응시하는

고성

　정박한 배들이 어디론가 떠날 때 소용돌이치는 가파른 절벽에 다다르지 모든 사랑의 결말은 슬픔으로 끝나는 걸까 얼마나 더 가야 할지 어디쯤에서 멈춰야 할지 고심하는 깊은 잠에서 깨어나고 싶지 않은 밤 변방에서의 실패한 사랑의 노래가 흘러나오지 지나온 길들은 모두 절정의 순간들 눈빛 머무르는 곳마다 눈동자가 빛을 잃어가고 모두가 돌아오는 시간에 돌아오지 않는 것도 있지 열정으로 다정을 낭비하는 같은 듯 다른 끝나지 않을 것 같은 너와의 관계를 싹둑싹둑 잘라내는 시간 어둠으로 가득한 기억은 고통의 이름으로만 남아 그 시간을 기록하지 기억의 윤곽을 이루는 한껏 설레게 한 시간이 지나고 거뭇거뭇 얼룩덜룩 희미해지는 날들 얼어서 아름다운 투명한 얼음꽃 둥둥 떠다니지 끝은 이미 정해져 있다는 생각이 아무것도 할 수 없게 할 때 고아처럼 버려진 것들이 숨죽여 울고 누군가 부르지 않아도 뒤돌아보게 되는 이곳에선 새 울음소리를 삼키며 눈이 내리지 약속 없이 만나는 자욱한 폭설이 가로막는

제3부

비립종

벗겨진 자리에 구멍이 숭숭 뚫렸다

무허가 빈방에 잠시 머무르던
상처받기 쉬운 얇고 연약한

주머니가 빠져나간 자리를 세어본다

불법 침입한 염치없는 족속들
사라지기 위해 존재했을까

웅성웅성 곁을 내주며
무한 증식하던 빼곡한 것들

척박한 땅에 악착같이 뿌리내려
버티며 욕망의 끈을 놓지 않던

톡톡 건드리면 불거지던 것들이
과연 있기는 있었던 걸까

믿었던 곳에서 하루아침에 내쫓기듯
퇴출당한 자리에 새살이 돋는다

봄이다

태풍주의보

비가 오려는지 몹시 후텁지근하다

잔고가 없는 통장을 확인할 때처럼
풀죽은 시간이 점점 길어지고

무료함을 달래기 위해 집 밖으로 나온
노인들 평상에 앉아 부채질을 한다

울고 보채는 아이 손에 들린
아이스크림이 줄줄 흘러내리고

사람들 발길이 뜸한 공원에서
매미가 시끄럽게 울어 댄다

바짝 마른 길 위에 지렁이가 죽어가고
몇 푼 되지 않은 현금을 출금하는 동안
식당에서 고기 굽는 냄새가 진동한다

문득 공과금 고지서를 헤아려보고서
식당으로 향하던 발길을 돌리고 만다

사람들이 길게 줄지어 늘어선
로또복권 판매점을 힐끔거릴 때

종일 웅웅거리는 텔레비전에서는
머지않아 태풍이 몰려올 거라는
뉴스 특보가 흘러나온다

배웅

새하얀 얼굴에 붉은 눈썹과
입술이 새겨지자 핏기가 돌았다

언제든 떠날 각오가 되어 있는
빙벽의 시간을 알몸으로 견디는

눈사람은 집 밖으로 난 길
잠시 앉았다 가는 노을

털장갑과 털모자를 씌워주자
아이들이 몰려와 함께 놀아주었다

햇빛이 내리쬐고 세찬 바람이 불자
털장갑이 바닥에 널브러지고
목도리가 멀리 날아갔다

햇빛, 하고 말하면 있던 것이 없어지고
바람, 하고 말해도 있던 것이 없어진다

저녁이 오고 어두워지자
함께 놀던 아이들은 집으로 돌아가고

늦게 도착한 달빛 속에서
흥건한 은빛 눈물이 반짝였다

홀로 남겨진 길고양이가
눈사람을 배웅했다

늙은 기타리스트

붉고 푸른 파라솔이 펼쳐진 채 뜨겁게 달구어진

모래사장에 파도가 밀려와 발자국이 지워져요

쏟아지는 햇살을 밀어내며 기타 소리가 수평선 너머로 퍼질 때

나는 홀린 듯 그에게로 가요

한 발 두 발 계단을 오르다 기타 소리에 발을 멈추고 다가갈수록

빵 한 조각으로 매번 끼니를 때우는 그는 내게서 멀어져요

기타 소리는 새 울음이나 휘파람을 닮았어요

비키니 수영복을 입은 풍만한 여자들이 일광욕을 할 때

유난히 볼록한 가슴과 엉덩이에 시선을 둔 사내들

검은 선글라스에 가려진 눈동자가 반짝 빛나요

아름다운 꽃밭에서 미친 여자가 다람쥐와 함께 놀아요

빛바랜 셔츠를 입은 그의 그림자 사이로

조각난 꿈이 지나가고 한세상이 지나갈 때

기타 소리가 바다를 울리고 모래사장을 울리고 나를 울려요

돌아서도 귀를 막아도 들려오는 기타 연주는 끝나지 않고

멀어져가는 기타 소리를 따라가다 잃을 게 없어 길을 잃어요

피리를 부는 소년이 뒤따라와요

단순포진

화끈거림과 참을 수 없는 가려움

입술 언저리에 좁쌀처럼 자잘한 물집들이
톡톡 터지며 번지는 꽃송이 꽃송이들

열흘 몸살로 들끓는 몸 뒤척이며
겨우 일어나 거울을 보니

얼굴에 벌겋게 열꽃이 피어나
얼룩무늬 붉은 반점이 새겨졌다

욱신욱신 통증이 들쑤시며 지나간 자리마다
끈적끈적한 누런 진물이 흘렀다

집 앞을 지나가는 발걸음 소리만 들려도
컹컹 개가 짖던 그믐밤이었다

많은 식구들이 북적대는 게 좋아

우리 집 식탁을 수시로 찾아오는

불청객 외동이 사촌 동생처럼
귀찮지만 어느새 정이 들어 친숙해진

예고도 없이 들이닥쳐 쓰디쓴 맛을 보여주는
결코 반길 수 없는 끔찍한 손님

전혀 단순하지 않은 단순포진
잊을만하면 다녀가곤 했다

붉은가슴울새

널 배웅하기 위해 구름이 일고
어지럽게 바람이 불었지

장문의 글을 읽다 놓친 짧은 단락처럼
기억이 가물가물한 이야기

깃을 펼치는 순간 비명과 함께
위태로운 자세로 몇 번인가 휘청이다

회오리바람을 일으키며 처참하게 추락한
네가 떠난 뒤 나무도 미세하게 흔들렸지

닿을 수 없는 먼 곳에 시선을 둔 나무들
자작나무숲처럼 하얗게 어둠을 희석시키며
잠시 눈빛을 반짝일 때

부르다만 노래를 귓가에 남기고
저편으로 멀어지는 네 울음소리처럼

무한한 허공이 떨리는 순간이었지

불안이 온통 날개에 쏠려 있던
목덜미에 닿는 흰 눈의 감촉처럼 차가운 시간

주목받는 걸 싫어하지만 주목받을 수밖에 없는
네가 내 속에서 파닥였지

한 발짝 다가가면 성큼 멀어지며
꽁무니에서 환하게 꽃이 피어나던

멈추지 않는 시간 속에서 쫓기듯
앞만 보며 달리던

발목 타투

나만의 취향으로 새겨요

행운을 상징하는 깃털을 새기면
좋은 곳으로 날아갈 것 같은 느낌

모래 위에 새기거나
물 위에 새기는 것과는 다른

핏빛 꽃들 진저리 치며 피어나는
오래 변치 않을 뼈저린

영원히 지워지지 않을
뿌리 깊은 이야기

날개를 잃었거나 다리가 부러졌거나
날아갈 타이밍을 놓친 나비

흉터처럼 행간마다

살아나는 파동의 무늬

바람 불어 긴 치마가 날릴 때
발목과 발목 사이로 살짝 드러나게

가늘고 긴 발목에
세로 혹은 가로로 새겨요

벽화

나는 눈먼 새
자꾸자꾸 미끄러져요

나무에서 미끄러질 때마다
나무의 안색이 파래져요

이마 위로 투명한 빗방울이 떨어질 때
푸드덕 날개 터는 소리가 숲을 흔들어요

놀이기구를 탄 것처럼
무섭고도 두근두근 설레는 이야기

아직 남아 있다고 생각하면 따뜻해지는
햇살이 길 위에 둥둥 떠다니는 걸 상상해요

측백나무 가지 사이로 꼬리를 감추는
나비를 뒤쫓아 가는 장거리 달리기

날아오는 돌을 맞고도 끄떡없을 날개를
접었다 펼치며 씽씽 달려요

아이가 내게 손 흔들며 자전거를 타고 가고
그 뒤를 얼룩무늬 개가 따라가요

터널을 돌고 도는 기차를 타고 달리는 기분

당신이 내게 절교를 선언했을 때처럼
뒤돌아보지 않고 앞만 보며

잡을 듯 말 듯 목덜미를 낚아채는
바람이 온갖 요술을 부려도
멈추지 않고 끝까지 달려요

당분간 격리

손에 잡히는 대로 먹어 치워
안으면 팔이 부족하고
옷들이 모두 몸에 꼭 낍니다

식당도 카페도 헬스장도 조용
텅 빈 버스가 지나갑니다

나무들은 무럭무럭 자라고
바깥 풍경은 매일 달라지는데

거대한 힘에 짓눌리는 느낌
닫힌 문 안으로 파도가 밀려듭니다

현관문을 닫아걸고 새장에 갇힌 새처럼
외톨이가 된 채 홀로 어두워질 때

페이지마다 통증이 지배하는
깊은 수렁에 빠지는 어제 그리고 오늘

깨고 나면 아무것도 기억나지 않는
한여름 밤 꿈이라면 좋겠어요

거긴 어때, 안전하니?
먼 곳의 내게 질문합니다

전화기를 들었다 내려놓고
가구처럼 앉아 TV 채널을 돌립니다

핑퐁

가는 만큼 오고 오는 만큼 가는
우리는 사이좋게 주고받는 관계

뜨거운 커피를 엎질렀을 때처럼
난감해져 어쩔 줄 모르다가

금방 우쭐해지다 머쓱해지는
날아다니는 탄성과 탄식

어깨를 함부로 휘두르다간
혹 날아가 버릴지도 몰라

최선을 다해 예의 바르게 빠른
속도로 떨어뜨리는 데 주력해야 해

떠났다가 되돌아오고 끊어지다
다시 이어지는 굴곡

좁혀지다 멀어지는 시선이
길게 혹은 짧게 구부러지지

가파른 절벽을 오를 때처럼
수평으로 오고 가는 공을 따라

배분된 공간에서 숨을 몰아쉬며
순간의 호흡을 발명하는

깔끔하고 간결한 우리의 대화
톡톡톡 터지는 웃음소리

독거도*

잘 지내나요

잘 지내지 못합니다

고양이 낮잠 같은 해변의 무료함이
하얀 모래 위에 얹혀집니다

멀리서 보면 윤곽만 보이는
까무룩 아스라이 오락가락하는

갈매기가 끼룩끼룩 소리를 낼 때
우리는 그 울음 속에 없습니다

소리 지르면 메아리가 돌아오고
생각이 많을수록 잿빛으로 변해가는

어디에도 숨을 곳이 없는

있어도 없는

없어도 있는

* 독거도 : 전남 진도군 조도면 독거도리에 있는 섬.

오늘도 불안

폭우가 쏟아지는 밤

쓰레기통에 머리를 처박고
생선 뼈를 핥습니다

세계와 세계 사이 허공에서 허공으로
새의 날갯짓으로 날아오는 빗방울들

진창인 밤의 내장을 파헤치며
시커먼 그림자가 성큼성큼 다가옵니다

무방비한 상태로 제압당한 채 뒤엉켜서
헛발질만 반복하다 피투성이가 됩니다

눈을 감아도 눈을 떠도 절망뿐
짊어진 삶의 무게가 무거워 휘청거리며

물밀듯 공포가 밀려드는 가로등 아래

누군가 토해놓은 음식을 핥습니다

소원을 빌어도 이루어질 것 같지 않은
아직 시작하지도 않은 이야기가
벌써 끝난 것 같은

아무것도 아닌 것에 연연하는 오늘
계획한 일들을 완성할 수 있겠습니까

대설주의보

버스를 기다리는 동안
호피 무늬 스카프가 날아가자

소복하게 흰 눈을 뒤집어쓴
가로수들이 잠시 쿨럭거렸어

스카프가 무임 승차한 털털거리는
트럭이 멀리 사라질 때까지도
기다리는 버스는 당도하지 않았지

길가에 울음소리를 흘려보내던
고양이가 골목으로 사라질 때

사람들 발걸음이 빨라지고
꽁꽁 언 길들이 진저리를 쳤어

휘몰아치며 앞을 가로막는 눈 눈 눈

길 건너편에서 잠자리 안경을 쓴
여자가 알 수 없는 수화를 보냈지

여자는 온몸으로 무슨 말인가를 했지만
난 도통 알아들을 수 없었어

내가 알아듣거나 말거나
여자는 한동안 수화를 멈추지 않고

자동차 경적이 요란한 길 위에
함박눈이 펑펑 쏟아져 내렸지

제4부

묶인 새*

지금 내가 할 수 있는 일이란
이리저리 너울거리며 날아다니는
나비의 흰 날개나 응시하는 것

솜털 구름의 부피나 가늠하며
고독에 길들여지는 것

바다를 지나 언덕을 넘고 넘어
씽씽 달리던 기억은 아예 잊고

담장에 길게 팔을 뻗는 장미의
붉은 입술에 흠뻑 빠져드는 것

쌈닭의 털을 다 뽑아버리고
담장 아래 대자로 누워 낮잠 자는

개의 코 고는 소리나 들으며
오지 않을 미래 따위를 그려보는 것

허공의 기억은 모두 지우고
거기가 아닌 여기에 마음을 두고

한때 새였던 때를 뒤돌아보며
바보처럼 살아가는 것

* 이중섭 그림.

말수 없는 사람처럼 조용조용

축하해 선물이야

송이송이 여문 꽃송이 한 무더기가
땡글땡글 눈알을 굴리며 내게로 왔다

케이크처럼 손에 건네진 국화가
납작한 바구니 밖으로 향기를 내뿜었다

혼자 사색하기 좋은 벤치에 앉아 있던
기념사진에 찍힌 모르는 사람처럼

아무런 궁금증도 의미도 없이
바람이 석양빛을 물고 사라졌다

너는 없고 너의 목소리만 남은
흐린 저녁 7시의 거리에서

매달리며 추락을 두려워하던

푸르게 빛나던 것들이 하나둘 떨어질 때

기차처럼 길게 돌고 돌아 마침내
뭔가를 두고 온 느낌으로

가을이라 발음하면
물고기였다가 나비였다가 새였던
낙엽들이 이리저리 흩어졌다

정선

트럭이 줄지어 지나갈 때
생각난 듯 소나기가 지나간다

모네의 그림 속에서나 볼 수 있는
잎들을 매단 포플러나무들이 이어지고

엉금엉금 네 발로 걷는 구름이
물개 자세로 웅크리고 앉아 있다

돌아보면 아득해지는 바람 부는
언덕엔 꽃들이 희희낙락

오늘의 할 일은 어제의 할 일과 다르고
내일의 할 일도 오늘의 할 일과 달라서

무언가 말하려 입술을 달싹이다
입을 다물고 없는 양을 센다

여름엔 겨울을 걱정하고
겨울엔 여름을 걱정하며

나의 좌표를 잃어버리고
가장 마지막에 닿고 싶은 곳

숲에서 내려온 사슴이 멀건 시선으로
느릿느릿 걷다가 밋밋한 다리로 씽씽 달리는

골목 입구에서부터 돌고 돌아 나오면
울타리가 많아서 다시 갇힌 기분

점자를 더듬듯 발길을 옮길 때마다
개들이 따라다니며 짖는다

기억의 오류

문자가 왔다

시집을 냈어요
꽃무릇에 찍히다를
시집 첫 페이지에 넣었어요

오래전 환벽당에서 꽃무릇과 함께 찍은
사진을 제게 보내주셨잖아요

내가 사진을 보냈었나?
도무지 사진에 대한 기억이 없다

문제의 사진 속엔 내가 없고
붉은 꽃무릇을 배경으로 찍은 사진 속에서

알 듯 모를 듯한 사람들이 새파랗게
젊은 모습으로 웃고 있다

나는 사진을 보내준 사람이 아니라
사진을 찍어준 사람이었던 것

사진을 찍은 사람을 사진을 보내준 사람으로
잘못 기억한 일이 빚어낸 이야기

우리는 당시 같은 공간에서 김치 하며
사진을 찍어주고 찍으며 함께했던 사람들

꽃무릇이 이어준 인연으로 만난
사진을 찍어준 사람과 사진을 보내준 사람
그리고 사진 속의 몇몇 사람들이

꽃무릇 필 무렵 까마득히 잊었던 환벽당에서
다시 만나기로 약속을 한다

소한

눈이 내린다

입을 가졌으나 말할 수 없는
귀신처럼 소리 없이

좋은 일이 일어날 것 같은 느낌
온 세상에 은총이 차곡차곡 쌓인다

얼어붙은 천지간 저무는 길 위로
홀로 고요에 기대어 가는 새

아무도 지나가지 않은 흰 길 위에
자박자박 발자국을 내며 간다

희디흰 불안이 끝 모를 곳으로
시나브로 새를 인도한다

새가 무너질 것 같은 무릎을 세우며

바람 언덕을 오르내리는 시간

떨어지기 위해 무작정 달리는
방패연이 놓친 풍선처럼 날아가고

어지럽게 흩어진 발자국 위로
그친 눈이 다시 내린다

어디선가 둥둥 북소리가 들려온다

모텔주차장

희게 부서지는 햇살에
깨진 병 조각이 빛난다

제 캄캄한 어둠을 감추려 웅크린
벌레들 상한 날개를 이리저리 뒤척인다

담배꽁초 빵조각 찌그러진 맥주병
널브러진 쓰레기가 수북하다

지느러미 퍼덕이며 휘젓고 다니는
바람이 자욱한 먼지를 일으키며
버려진 화장지들을 끌고 다닌다

씹다 버린 껌이 시멘트 바닥에
지저분하게 얼룩을 만들 때

어젯밤 차들이 빠져나간 빈자리에
음울한 고양이 울음이 떠다닌다

저를 불러 주세요
황홀한 죽음의 세계로 인도할게요

뇌쇄적 미인의 사진이 박힌
명함이 여기저기 굴러다닌다

자운영

우르르 물감이 엎질러졌다

아이 그림처럼 알록달록
하늘거리며 일렁이는 꽃구름

어두워지다 환해지는 시간을 따라
붉은 자줏빛 붉으락푸르락

한발 한발 발을 떼며 엉금엉금
옆걸음으로 들불처럼 번져갔다

무럭무럭 완두콩 순처럼 자라나
꿈결인 듯 잠시 머물다 사라지는
흔들리는 다른 듯 같은 얼굴들

고인 어둠이 스멀거리는 찰나
바람의 방향과 속도와 상관없이

물결이 물결을 불러와 봄의 한가운데
사라지기 위해 태어난 저 출렁임

슬픔은 어떤 빛일까
순간의 기억으로 불붙는 슬픔은
때로 지나치게 아름다워서

다가가면 뚜렷해지며 핏줄처럼
흐르는 어둡고도 환한 문장

구름이 머물다 가면
비가 오고

소실점 저 끝으로 가물가물
네가 가고

끝말잇기

목적어가 없고 집요함만 있지

빨강 파랑 초록 분홍 검정
제각각 다른 빛깔을 띤

함부로 이어 붙일 수 없는
빠른 템포의 음악 같은

무한 증식하는 말들의 행렬 속엔
순행하는 질서가 있지

내가 A를 말하면 너는 B를 말하고
또 다른 네가 C를 말할 때

말과 말 사이에 장벽이 없고
말과 말 사이에 오해가 없고

어디에서 멈춰야 할지 몰라

지나온 길을 돌고 도는

우리는 멈추는 법을 모르는 사람들

시작과 끝이 평행선을 이루는
마침표가 없는 말들과 함께

밀어내고 받아들이며
끝까지 가지

퍼플섬

바람이 바람을 부르는 퍼플섬에서 만나자

퍼플섬엔 우릴 기다리는 바다가 있고
밑면 앞으로 주욱 밀리는 퍼플교가 있고
꽃잎을 물고 날아다니는 새들이 있으니까

오월의 향기와 오월의 눈부심으로
보라보라 버들마편초꽃 너머의 풍경은 덤이야

오래전 인파에 밀려 잡았던 손을 놓쳤을 때처럼
거기선 아차 하는 순간 헤매게 된다는 거

미래에 대해 말하다 중단하고
최근의 관심사에 관한 이야기를 늘어놓는

내게 아직도 불가능의 세계를 꿈꾸냐고
네가 물으면 난 그렇다고 대답할 거야

죽은 나무에 매달려 노는 아이들을 지나
걷고 걷다가 갑자기 비라도 내리면

내가 뒤쫓아 가거나 말거나 넌 뒤돌아보지 않고
축축해진 머리를 감싸며 달리겠지

끝나지 않는 끝말잇기를 하다가
돌탑에 돌을 얹고 소원도 빌고

모래밭에 그린 우리의 얼굴은
파도에 쓸려가도록 놔두고

지천에 널린 돌을 하나씩 나누어 갖고
길이 끝나는 곳에서 되돌아오자

우리가 우리였을 때 혹은 우리가 아닌 순간

아버지의 꽃들 부스스 눈뜨며
집 밖으로 뛰쳐나간다

한꺼번에 우르르

독서신문에 가려진 아버지의 얼굴이
때늦은 후회로 한순간 어두워진다

길 위에 꽃들 웃음소리 자자하다
해사한 웃음 뒤로 어두운 꽃그늘 진다

날아간 호반새 울음소리 마냥
시간이 빠르게 지나가고

바람이 꽃잎을 날려 보내자
이제 울안에 가두어둘 수 없는
꽃들이 향기를 뿌리며 간다

소용돌이치며 사라지는 바람을 따라
천천히 허공을 돌다가 파삭파삭 깨져버린
사금파리 위에 흩어지며 길을 지운다

물을 주고 거름을 주고 울타리가 되어준
굳건한 아버지의 등이 멀어진다

어디선가 아버지와 함께 부르던
노래가 흘러나온다

봄은 아직 멀었다

세상이 온통 흰빛으로 가득하다

눈송이들이 모였다 흩어지며
우리가 나눈 말처럼 차곡차곡 쌓인다

고인 말들을 간직한 채 입이 얼어버리는
길고 어두운 동굴 같은 시간

적막이 지붕을 덮고
부연 김이 서린 창가의 화초가 얼어 죽는다

풍경의 끝에서 끝으로 쏟아지는 폭설
바람에 현수막 얼굴이 일그러지고

멧돼지가 발자국을 남기고
숲으로 사라지는 동안

내가 한 일은 문을 열어놓고

오지 않는 너를 기다리는 일

어떤 슬픔은 너무 무거워서 일어날 수가 없다

잠시 구름을 바라봤을 뿐인데
어디론가 흘러가는 느낌

새가 울음소리를 멈췄다 다시 울 때처럼
바람이 불다 말다를 반복한다

끝나지 않는 지루한 겨울
걸음과 걸음 사이 침묵과 침묵 사이

나는 매일 같은 노래를 부르고

청춘은

사랑하기 좋은 때
기꺼이 실패하고 낭비해도 좋은 때

기대감으로 부푼 꿈들로
사방이 빛으로 가득하지

흩어지는 구름처럼
어디로 가는지도 모르고

그 순간이 가장 아름다운 시간임을
알아차리지 못한 채

건들거리며
술을 마시고
싸움을 하고

무모하게
격렬하게

달리다가 문득 멈춰 서서
더딘 시간에 대해 생각하지

꽃이 지는 이유 따윈 안중에도 없는
가늠할 수 없는 미래가 불확실한
시간이 서서히 흘러가지

가도 가도 끝이 없는 오르막길에서
미끄러지고 또 미끄러지는

수정할 수도
삭제할 수도 없는

손금

두 손을 펼치고 손금을 들여다본다

마주 접히면 맞닿을 출렁이는 길들
서로 반대편을 향하고 있다

잘못 들어 애먹었던
얼핏 보면 닮은 넘실거리는 길들

뿌리로 가득한 길들 중에는
길게 이어지는 빛나는 길이 있는가 하면
길 밖으로 벋어나간 길도 있다

우뚝 멈춰 선 가시 돋친 길도 있고
크나큰 아가리로 허공을 삼켜버린 길도 있고
주기적으로 회오리바람을 몰고 오는 길도 있다

대부분의 길은 캄캄한 안개의 길이다

아직 가본 적 없는 길 사이로
잡힐 듯 잡힐 듯 잔물결 일으키던
그 오랜 통증을 더듬는 사이

애초에는 없었던 잔잔한 길이
새로이 생겨나고 있다

시클라멘

꽃을 한 아름 안고 있었다

사방으로 자동차가 질주했다

새 울음소리가 지나간 하늘이 흐려졌다

외마디 소리가 들려왔다

아스팔트 위에 떨어진 꽃잎들이 흩어졌다

어디선가 컹컹 개 짖는 소리가 들려오고

앰뷸런스가 비명을 지르며 달려왔다

붉은 핏자국이 남았다

김은우의 시세계

홀림이라는 천형, 그 참혹慘惑으로의 초대

이철주

김은우의 시세계

홀림이라는 천형,
그 참혹慘惑으로의 초대

이철주

(문학평론가)

1

    당신은 그 존재조차 알지 못할 테지만 어떤 매혹은 당신과 함께 태어나 당신 곁을 지키며 마지막 순간까지 당신을 떠나지 않는다. 당신의 모든 선택과 기쁨, 갈망과 후회에 영향을 미치며 때론 너무 깊숙이 달라붙어 당신의 걸음걸이를 뒤엉키게 할지도 모른다. 그러나 당신은 넘어지지 않는다. 설혹 얼마쯤 흔들린다 해도 적당한 만족과 성취, 해롭지 않을 정도의 좌

절과 우울 속에서, 익숙한 감정들의 보호 속에서 끝내 무탈할 것이다. 진심으로 그렇기를, 그렇게 되기를 바라지만 안타깝게도 이 정체불명의 매혹에 감염되어 길을 잃는 일이 누군가에게는 기어코 일어나버리고 만다. 해갈될 수 없는 갈증에 사로잡히고, 닿을 수 없는 것에 눈을 빼앗기며, 말할 수 없는 것에 대책 없이 무너지고야 만다. 이들에게 삶은 그 자체로 거대한 신비이자 결여로 다가온다.

  이 세계는 비천한 감옥에 불과하며 진정한 세계는 저 너머에 있다는 식의 유토피아적 환상과는 다르다. 여기에는 지금의 삶에 대한 어떠한 원한도 증오도 존재하지 않는다. 다만 견디고 감내해야 할 현실이라는 견고한 중력을 이해하고 싶어할 따름이며, 이 중력과 평행선을 그리며 이곳을 무한히 맴도는 저 매혹의 세계를 단 한 번만이라도 붙잡아 보고 싶어할 뿐이다. 당신과 함께 태어나 당신 곁을 맴돌지만, 닿을 수도 만날 수도 없는 불가해하고 불가능한 매혹 앞에서 당신은 돌이킬 수 없는 거대한 공동에 조금씩 집어삼켜진다. 공동이 증식해 갈수록 이곳의 삶 역시 얼마쯤 희미해지고 무의미해지겠지만, 이 텅 빈 결여야말로 당신이라는 침묵을, 어둠을, 공허를 선연하게 밝히는 등불이 된다. 김은우의 시는 바로 여기에서 출발한다.

  첫 시집 『바람도서관』(문학의 전당, 2008)에서부터 『길달리 기새의 발바닥을 씻겨주다 보았다』(시산맥사, 2016)와 『귀는 눈을 감았다』(시산맥사, 2020)에 이르기까지 김은우 시의 자연적 상관물에 대한 천착은, 전통적 서정의 세계에 대한 그리움보다는 이 '불가능한 매혹'의 문제에 더 깊이 관련되어 있었다. 그가 "모서리가 닳고 닳아 쉽게 넘겨지지 않는 가장자리엔" "새들의 울음소리가 매장되어 있"(「바람도서관」, 『바람도서관』)다고 노래하거나, "말할 수 없는 것을 말하기 위해/ 헛기침하며 목소리를 가다듬는"(「비의 질감」, 『길달리기새의 발바닥을 씻겨주다 보았다』) 자연의 모습을 포착하고자 할 때 더 선명히 드러나는 건, 잃어버린 이상향이나 공동체에 대한 향수가 아니라 '너머'를 꿈꾸지만 기어코 소멸에 이르고야 마는 삶의 조건으로서의 한계와 그 처연한 물성이었기 때문이다.

불가능에 매혹된 슬픈 천형의 생들은 이번 시집에서도 고유한 자세이자 얼룩으로 자신들의 존재를 선연히 드러낸다. "닿을 수 없는 먼 곳에 시선을 둔 나무들"(「붉은가슴울새」)과 "닿을 수 없는 먼 섬을 응시하는"(「대관령」) 눈빛들로 웅성이는 이번 시집은, "발 딛는 곳마다 절벽인"(「도심 숲 곡예사」) "나아갈 수도 돌아갈 수도 없는"(「침몰하는 계절」) 절체절명의 막다른 길과 "붙잡으려 해도 붙잡히지 않는 멀리 사라지는 것들의 질감"(「인썸니아」)들 사이에서 끊임없이 서성이고 흔들린다. 결국엔 놓아버려야만 할 찰나의 덧없음이겠지만 홀림이라는 천형, 그 참담한 매혹의 중심을 향해 담담히 걸어 들어간다. 가망 없는 희망을 견디고 노래하는, 아니 노래함으로써만 견디는 참혹慘惑의 오랜 역사를 김은우의 문장 속에서 캄캄히 들여다본다.

2

"한때 초록이었다가 이내 바래지는/ 격렬한 혹은 고요한 직립의 시간"(「시월」, 『길달리기새의 발바닥을 씻겨주다가 보았다』)에 대한 투명한 응시는 김은우의 시세계 전반을 떠받치며 그의 문장에 고유한 깊이와 인장을 부여한다. 그의 시는 상승보다는 하강에, 정확히는 상승 자체가 내포하는 추락의 기미에 더 깊은 관심과 애정을 내보인다. 예정된 부재와 부패의 감각 속에서만 포착될 수 있는 마음의 어두운 경계에, 그 사이에서만 출몰하는 기이한 매혹의 순간들에 주목한다. "솟아올랐다가 추락하는 몸짓"(「발레리나」)과 "꽃이 지는 이유 따윈 안중에도 없는"(「청춘은」) 시간의 가혹한 관성으로부터 "추락을 두려워하던/ 푸르게 빛나던"(「말수 없는 사람처럼 조용조용」) 마지막 눈빛들을 길어 올린다. 추락 이후의 시간을 견디며 무엇보다도 환히 빛나고 뜨겁게 달아오르던 홀림의 기억들이 더없이 견디기 어려운 천형이 되어 돌아오는 속절없는 참담 앞에 마주 선다. 그럴 때 다음과 같은 문장의 풍경들이 만들어진다.

지금 내가 할 수 있는 일이란

이리저리 너울거리며 날아다니는
나비의 흰 날개나 응시하는 것

솜털 구름의 부피나 가늠하며
고독에 길들여지는 것

…(중략)…

허공의 기억은 모두 지우고
거기가 아닌 여기에 마음을 두고

한때 새였던 때를 뒤돌아보며
바보처럼 살아가는 것

—「묶인 새」부분

 이중섭이 그린 동명의 작품에서 모티프를 얻고 있는 이 시는, 추락 이후를 견디는 마음의 캄캄한 허기에 대해 노래한다. "한때 새였던 때"의 기쁨을 추억으로서 얌전히 곱씹어 볼 순 있지만, "거기가 아닌 여기에 마음을 두"어야만 살아남을 수 있는 이곳에서, 살아간다는 것은 낯설고 가혹한 유형의 시간에 스스로를 억지로 구겨 넣는 일에 불과하다. "할 수 있는 일"과 "해서는 안 되는 일" 사이의 날카로운 경계를 몸 구석구석에 새겨 넣으며, 화자는 "허공의 기억"을 "모두" 지운 채 "바보처럼 살아가는 것"을 새로운 숙명으로서 받아들이려 한다. 물론 이 절망스러운 다짐의 형식은 이러한 선언이 아직까지도 제대로 실현된 적 없으며 앞으로도 수용될 수 없음을, 여전히 눌러 죽이고 지워야 할 무수한 마음의 잔해가 내부에서 소용돌이치고 있음을 역으로 증명한다. 차안과 피안 사이에서, 희미해져 가는 몸의 시간과 닿을 수도 없지만 온전히 지워낼 수도 없는 너머의 풍경 사이에서 수없이 찢기고 다시 부서진다.

>없는 기대와 실망이 둥둥 떠다니는
>얼음뿐인 땅을 그린란드라 이름 붙인 아이러니
>썰매개들이 얼음 대신 물속을 달린다
>
>붙잡을 수 없는 것들을 과감히 놓아주는
>고립의 세계에 갇힌 이곳에선 모두가 외톨이
>
>개랑 친해져서 개에게 고기 뼈도 던져주는
>과거인 듯 미래인 듯 알 수 없는 시간
>
>나를 닮은 누군가 있을 것 같아
>두리번거려도 아무도 없다
>
>—「그린란드」 부분

침몰한 세계와 함께 가라앉아 버릴 수도, 모든 것을 망각한 채 일상의 중력에 순순히 복종할 수도 없을 때에, 그의 화자들은 인용한 시에서처럼 아직 채 떠나보내지 못한 마음의 열기를 식힐 만한 매개적 공간을 찾아 나선다. "붙잡을 수 없는 것들을 과감히 놓아주는/ 고립의 세계"인 "그린란드"는 그 대표적인 경우라 할 수 있다. 물론 이 장소는 '매혹'으로부터 거리를 두기 위해 꾸며진 장소이자 차안도 피안도 아닌, 그 사이에 "고립"되어 있는 가상의 공간이라는 점에서 주의가 필요하다. 이곳엔 "없는 기대와 실망"만이 "둥둥 떠다"닐 뿐이지만 이는 '매혹'이 남긴 불가역적 상흔과 직접 마주하지 않기 위해 화자가 만들어 낸 거짓 위장일 따름이다. 심지어 이는 모두에게 공개된 투명한 위장이라는 점에서 비겁한 속임수로 기능하지 않는다. 화자는 이 "없는 기대와 실망"이 무엇을 가리고 대체하고 있는지를 "그린란드"라는 이름과 그 역설적 초록의 이미지를 통해 암묵적으로 지시하고 있으며, 이 공간의 진정한 거주민인 "썰매개들" 역시 위장에 불과한 "얼음" 대신 그 얼음을 떠받치고 있는 "물속을 달린다".

화자는 단지 기다리고 있을 뿐이다. "그린란드"의 차가운 열기가 불가해한 매혹이 남긴 상처를 얼마쯤 다독여 주기를, 오로지 혼자만의 힘으로 이 돌이킬 수 없는 참혹을 떠나보낼 수 있기를, 그런 적당한 때가 찾아와 주기를 간절히 꿈꾸고 열망한다. "붙잡을 수 없는 것들을 과감히 놓아주는" 이 해빙의

때는 그러나 혼자만의 힘으로는 찾아와 주지 않는다. "나를 닮은 누군가 있을 것 같아/ 두리번거려도 아무도 없"는 이 텅 빈 추상의 공간은 잠시 머물며 지친 마음을 쉴 수 있는 임시거처가 될 수는 있지만, 추락 이후의 시간을 '살아낼 수 있게' 하는 심리적 토대가 되어주진 못한다. 추락 이후에도 '삶'이 가능하기 위해서는 여전히 매혹이 필요하며 매혹이 뿌리내릴 '땅'이, 서로를 지탱해 줄 구체적 타자들이 있어야 한다. 김은우의 시는 그 구체적 가능성을 쉽게 동정하지도 함부로 위로하지도 않으며 말없이 함께 견디고 위무하는, 관계의 사려 깊은 평행선들 속에서 찾아낸다.

3

'공감한다'는 말은 따뜻하고 아름답지만 사실 그 자체를 지시하지는 않는다. 무엇보다 당신의 생각과 느낌을 누군가와 완전히 동일하게 공유한다는 것은 현실적으로 가능한 일이 아니다. 그러나 '공감'은 그것이 사실이 아닐 뿐만 아니라 어쩌면 아주 단순한 착각에 불과할 수도 있다는 바로 그 이유로 인해 때로 매우 강력한 위력을 발휘하기도 한다. '공감한다'는 말은 사실의 표명이 아니라 느낌과 의지의 언술이다. 당신을 이해하는 데에는 아마도 늘 실패하겠지만, 설령 그럴 수밖에 없다 하여도 당신의 생각과 느낌을 부정하지 않겠다는 것이며, 당신이라는 느낌의 세계 안에 최대한 오래 머무르며 당신과 같이 느껴보려 노력하겠다는 일종의 의지적 선언에 가깝다. 당신을 이해한다는 기만과 착각에 속지 않기 위해서는 '공감'이라는 말이 주는 온화한 이미지와 그 편리함에 각을 세우고 그 이면의 목소리를 들어야 한다.

 김은우 시의 화자들은 그런 점에서 '공감'이라는 말이 내포하는 다양한 진폭과 깊이의 함의에 섬세한 주의를 기울이며 타자라는 낯선 느낌의 땅에 조심스레 접근하는 모습을 보여준다. 이들은 "떠났다가 되돌아오고 끊어지다/ 다시 이어지는 굴곡"(「평풍」) 같은 대화의 파도 속에서도 '공감'과 '이해'라는 말끔한 평형으로 도망치지 않는다. 이들의 만남과 대화는 대개 "사진을 찍은 사람을 사진을 보내준 사람으로/ 잘못 기억한 일이 빚어낸 이야기"(「기억의 오류」)들처럼 오류에서 오류로 점프하며 끊임없이 유예되고 어떤 약속도 그럴듯한 희망도 없이 그저 이어질 따름이지만, 함부로 판단하지 않고 이해한다 위로하지 않으며 온전한 공감이라는 아름다운 가상으로 무턱대고 도약하지 않는다. 서로에게 기대려 하기보다는, 서로를 둘러싼 무수한 평행선 중 하나가 되어, 추락 이후의 참담을, 가망 없는 희망의 기쁨과 덧없음을 함께 나누고 견디려 할 따름이다.

  우리는 서로를 개입하지 않기 위해

적당한 거리를 유지한다

정해진 곳에 시선을 집중시키는
끝나지 않는 서사

…(중략)…

뱉은 말이 다시 돌아오기도 하고
분분한 의견과 의견이 충돌하는

서로를 버리지 못한 채
좋은 날들이 계속되기를 기원한다
　　　　　　　　　　　　　―「동인들」 부분

우리는 멈추는 법을 모르는 사람들

시작과 끝이 평행선을 이루는
마침표가 없는 말들과 함께

밀어내고 받아들이며
끝까지 가지
　　　　　　　　　　　　　―「끝말잇기」 부분

이들은 서로에게 "개입하지 않기 위해/ 적당한 거리를 유지하"며 살아가려 하지만 그렇다고 서로를 온전히 외면하지도 못한다. 서로의 어디에도 자신의 남루한 무게를 싣거나 기대려 하지 않지만, 그럼에도 서로의 곁에 머무르며 함께 견디고 의지하는 일종의 "평행선"과도 같은 관계, 혹은 공동체를 상상하고 "기원"한다. 때로는 "밀어내고" 때로는 "받아들이며" 서로를 향해 쏟아내는 그 끝 모를 말들의 행렬이, 그 행렬 속에서만 가까스로 견뎌지는 지금의 소란스러움이 앞으로도 "계속되기를" 꿈꾼다. '지속'에 대한 이들의 소박하지만 간절한 소망에는 어딘가 처연하고 막막한 "끝"의 감각이 서려 있다. 「동인들」의 시적 풍경 한가운데에는 누군가 무심코 풀어놓은 "갑자기 와버릴지도 모르는/ 그날"의 무게가 고스란히 놓여 있으며, 「끝말잇기」의 경우 결국 도래하고 말 "끝"이라는 절대적 사건을 어떻게든 말들을 끊임없이 이어붙이는 놀이를 통해 다음으로 유예하고 싶어하는 유약하고 취약하기만 한 인간의 초라한 유한성이 그 시적 상상의 원동력으로 작용하고 있다. 존재의 유한성에 근거한 시적 성찰의 깊이와, 타자를 신경 쓰고 염려하면서도 그 상처와 고통에 함부로 다가가지 않으려는 사려 깊은 문장의 보폭은 김은우 시의 윤리적 상상력을 뒷받침하는 핵심 중추라고 할 수 있다. 다음과 같은 시는 이를 단적으로 잘 보여준다.

주인은 눈앞을 가로막는 파리 떼를 물리치며
시범을 보이듯 앞서 달렸다

해안테크 길을 달릴 땐
바다 위를 달리는 기분

달리고 달려 하나개해수욕장에 다다라
백사장에 누운 채 깜박 잠이 들었다

꿈속에서 나는 주인이 되어 해변을 달리고
주인은 벤치에 묶여 있었다

매번 주인이 내 목줄을 풀어주었는데
꿈에선 내가 주인의 목줄을 풀어주었다

붉게 물든 석양을 뒤로 하고
따가운 모래 위를 걸으며 돌아오는 길

꿈속에서 푹신한 운동화를 신고 달리던
발바닥 감각이 오래도록 지워지지 않았다

―「무의도」 부분

주인은 달리기 싫어하는 '개'인 '나'를 앞세우고 매일 백사장을 달린다. 주인은 왜 매일 달리려 하는지, '개'인 '나'는 왜 달리는 것을 그토록 싫어하는지, 어떤 이유도 설명도 제시되지 않는다. 시가 그려내는 풍경은 단순하고 분명하며 덧없고 아름답다. 꿈속에선 개가 주인이 되고, 주인이 개가 되는 기이한 역할 바꾸기가 이루어지지만, 인상적인 것이라고 해봤자 "푹신한 운동화를 신고 달리던/ 발바닥 감각" 정도일 뿐이다. '개'인 '나'는 '주인'이 되어 보지만, '주인'을 이해하려 하지 않으며 '주인'을 이해했다 자만하지 않는다. '주인'이 나를 묶어두고 달렸던 그 길을 무심히 달려볼 뿐이며, 생각대로 되지 않는 '개'를 달래며 목줄을 푸는 순간을 주인의 입장에서 그대로 반복해 볼 따름이다. 아마도 '개'인 '나'는 아무것도 이해하지 못했을 것이다. 다만 "푹신한 운동화를 신고 달리던/ 발바닥 감각"의 기묘함만이, 매 순간 조금씩 사라져가는 불가해한 매혹만이 남아, 꿈에서 깨고 난 이후의 먹먹함을 달래주는 것에 만족했으리라. '주인'과 '개'의 달리기는 그렇게 또 반복되었을 것이다. 이해할 수 없는 '당신'의 감각과 느낌에 기묘하게 이끌리며, 서로를 판단하지도 위로하지도 않은 채 평행선과도 같은 그들만의 달리기를 계속 이어갔을 것이다. 함께 그러나 닿을 수는 없는 존재의 서러운 자리를 끌어안으며 그 뜻 없는 산책이 영원히 반복되기를 간절히 꿈꾸고 기원했을 것이다.

4

 이 같은 간절함은 반드시 흔적을 남긴다. "아침은 올 것 같지 않은 신열을 앓는 밤"(「열대야」)을 견디고 나면 "벗겨진 자리에" "숭숭 뚫"린 "구멍"(「비립종」)들이 지나간 "절정의 순간들"(「고성」)을 고스란히 증거하고, 사라졌다고 잊었다고 절실히 믿고 싶던 참담한 매혹의 기억들도 "머지않아 태풍이 몰려올 거라는/ 뉴스 특보"(「태풍주의보」)처럼 불현듯 되돌아오고야 만다. 이 거부할 수 없는 공동空洞의 습격은 수두나 홍역과 같은 돌림병처럼, 물집을 퍼뜨리고 감염부위를 부풀어 오르게 하며, 견디기 어려운 자신의 열로 스스로에게 돌이킬 수 없는 화상을 입힌다. 한번 앓는다고 해서 면역이 되지 않는 이 성가신 공동의 돌림병은 김은우의 문장을 타고 허기진 마음을 노리며 무서운 속도로 확산되어 뻗어 나간다. 이 공동으로의 초대가 끔찍하거나 두렵게 느껴지지 않는 건, 마음에 가득 뻗어 내린 공동들이 그의 문장은 물론 인간보다도 더 오래된 것이기 때문일 것이다. 김은우의 문장은 이 오래된 공동의 돌림병을 몇 번이고 거듭 다시 겪고 앓으며, 속절없기만 했던 투병의 시간들을 어느새 일상에 마모되어 버린 길들여진 감각들과 탄력 있게 뒤섞는다. 연루시키고 굴절시켜 지금-여기의 사건들로 단련시킨다.

입술 언저리에 좁쌀처럼 자잘한 물집들이
톡톡 터지며 번지는 꽃송이 꽃송이들

열흘 몸살로 들끓는 몸 뒤척이며
겨우 일어나 거울을 보니

얼굴에 벌겋게 열꽃이 피어나
얼룩무늬 붉은 반점이 새겨졌다

욱신욱신 통증이 들쑤시며 지나간 자리마다
끈적끈적한 누런 진물이 흘렀다

―「단순포진」부분

옻나무에 잠시 스친 것뿐인데
살갗이 따갑고 가려워
밤새 긁어 부스럼이 생기고

진물이 나던 며칠 내내
온몸에 붉은 반점이 돋았습니다

상처만 남긴 지독한 사랑처럼
다시는 기억하기도 싫은

─「옻오른 적이 있습니다」 부분

　단순포진이나 옻독은 외부로부터 유입된 바이러스나 물질이 원인일 테지만, 이들이 암묵적으로 지시하는 공동의 돌림병엔 원인이 되는 외부 바이러스나 물질이 존재하지 않는다. 열병의 근본 원인은 인간의 어찌할 수 없는 마음 자체이며, 돌이킬 수 없는 맹목이고, 감히 닿을 수조차 없는 너머와 그 세계의 감각을 늙고 병들며 죽고 소멸할 몸으로 꿈꾸고 갈망하는 그 태생적 불균형이다. "통증이 들쑤시며 지나간 자리마다" 곧 물집이 가득 잡히고 "누런 진물이 흘"러나오는 고통스러운 시간이 찾아오겠지만, 머지않아 몸은 기어코 회복되어 원래의 자리로 돌아올 것이다. 그러나 그 흔적까지 모두 사라지는 데에는 생각보다 꽤 오랜 시간이 걸린다. 울긋불긋한 핏빛 기운이 희미해지면 눈에 거슬리는 정도도 차츰 덜해지겠지만, "상처만 남긴 지독한 사랑처럼/ 다시는 기억하기도 싫은" 이 공동의 돌림병은 뜨겁게 앓던 제 몸의 열이 모두 사라진 뒤에도 온전히 지워지진 않는 흉터로 남아 자신에게 달라붙던 화인의 감각들을 부여잡고 끝까지 놓아주지 않는다.
　김은우의 이번 시집은 이 치유 불가능한 공동空洞으로의 초대장이며, 공동이 품고 있던 불가능한 매혹의 순간들에 대한 뼈아픈 이별의 노래들이다. "만난 적은 없지만 가본 적은 있"는, 닿을 수는 없지만 익숙한 공동의 풍경 속에서 함께 견디고 위무할 수는 있는 이 불가해한 참혹慘惑은, 우리와 함께 태어나 우리의 현실을 감염시키며 우리가 사라지고 난 뒤에도 남아 텅 빈 허공의 깊이로 존재의 허기와 열망을, 그 덧없음과 아름다움을 기억하고 증명한다. 결국 텅 빈 부재만이 놓일 따름이겠지만, 부재를 중심으로 소용돌이치는 마음의 중력이 단 한순간만이라도 선명한 의미로 존재하고 싶었던 모든 생들의 마지막 열기를 한껏 끌어모은다. 김은우의 시는 이를 매번 그것도 훌륭히 잘 해낸다. 살갗 깊숙이 파고들어 제 문장이 품은 열로 읽는 이의 말과 몸을 뜨겁게 데운다. 가끔은 물집이 잡히기도 하겠지만 그 물집이 잉태해 낼 어둡고 비릿한, 그러나 한없이 선명하고 예리한 매혹에의 예감이 이 모든 참혹의 기쁨과 슬픔을, 환멸과 피로를 몇 번이고 다시 되풀이하게 한다.

| 김은우 |

1999년 『시와사람』으로 등단했다. 시집으로 『바람도서관』 『길달리 기새의 발바닥을 씻겨주다 보았다』 『귀는 눈을 감았다』가 있다.

이메일 : kee-58@hanmail.net

현대시 기획선 107
만난 적은 없지만 가본 적은 있지요

초판 인쇄 · 2024년 9월 1일
초판 발행 · 2024년 9월 5일
지은이 · 김은우
펴낸이 · 이선희
펴낸곳 · 한국문연
서울 서대문구 증가로29길 12-27, 101호
출판등록 1988년 3월 3일 제3-188호
편집실 | 서울 서대문구 증가로31길 39, 202호
대표전화 302-2717 | 팩스 · 6442-6053
디지털 현대시 www.koreapoem.co.kr
이메일 koreapoem@hanmail.net

ⓒ 김은우 2024
ISBN 978-89-6104-361-8 03810

* 이 책은 전라남도, (재)전라남도문화재단의 후원을 받아 발간되었습니다.

값 12,000원

* 잘못된 책은 바꾸어 드립니다.